Die Kernprinzipien
der Metamorphischen Methode

Gaston Saint Pierre
&
Barbara D'Arcy Thompson

Die Kernprinzipien der Metamorphischen Methode

Plejaden

Titel der Originalausgabe: The Metamorphic Technique,
The Principles and Practice

Aus dem Englischen von Peter Sineokow

Danckelmannstraße 10, 1000 Berlin 19
☎ (030) 321 70 92

Titelbild von Alexandra Steible-Barre, Frankreich
Illustrationen von Ronald Morton. Abbildungen 4 und 6 von
Harley Miller

Satz: Plejaden Verlagsgesellschaft, West-Berlin
Datenkonvertierung: Verlag Konstanze Freihold, West-Berlin
Druck: MovimentDruck, West-Berlin
Bindung: Villwock, West-Berlin

ISBN 3-88419-045-8

Inhalt

Vorwort

Jetzt, da wir in das Zeitalter des Wassermann eintreten, beginnen wir, die äußerst starken Energien zu spüren, die dieses Zeitalter mit sich bringt, Energien, die sich auf vielfältige Weise offenbaren. Im Bereich des Heilens werden wir mit einer Idee vertraut gemacht, die zu allen Zeiten wieder aufgetaucht ist. Obwohl sie einfach und naheliegend erscheint, hatte der begrenzte Verstand bisher Schwierigkeiten, sie zu begreifen: daß das Leben selbst der große Heiler ist.

Leben ist, und Leben drückt sich durch seine Erscheinungen aus. Wir betonen dieses ganze Buch hindurch, daß das Prinzip, mit dem wir in der Metamorphischen Methode arbeiten, das Leben selbst ist. Der Behandler soll sein Bewußtsein nicht von den Problemen, den Leiden und Symptomen des Menschen ablenken lassen, dessen Füße er behandelt. Er muß verstehen, daß das Leben selbst die für den Patienten notwendige Arbeit verrichtet, die Arbeit der Wandlung; er, der Behandler, ist nur der Katalysator, *durch* den, nicht *von* dem die Wandlung kommt.

Wir betrachten einige der Wirkungsweisen der Lebensenergie und bieten dem Schüler eine Hilfslinie, eine Landkarte an, die ihm helfen soll, seinen Weg auf dieser Suchfahrt zu finden. Es ist ein dreifacher Pfad: vom Bewußtsein zur Intelligenz, vom Gefühl zur Ekstase und von der Energie zum Geist.

Das Bewußtsein, das uns ausmacht, hat das Bestreben, sich mit den Erscheinungen des Lebens zu verstricken. Bewußtsein muß sich höherentwickeln zur Intelligenz, aber für die Intelligenz sind die Erscheinungen des Lebens nicht von Belang, und deshalb geht die Entwicklung zögernd voran.

Die Energie, die uns auf allen Ebenen unseres Seins erhält, ist in ihrer reinsten Form Geist. Unser Gefühl bildet den Antrieb hinter dieser Energie und gibt ihrer Bewegung eine Richtung. Die höchste Form des Gefühls ist die Ekstase, das heißt die Fähigkeit, unsere Grenzen zu überschreiten. Die Reise geht von Bewußtsein, Gefühl und Energie zu höherer Intelligenz, Ekstase und Geist; sie führt von den Erscheinungen des Lebens zum Leben selbst.

Aus diesem Grund richtet sich die Metamorphische Methode nicht nur an die geistig Zurückgebliebenen und körperlich Behinderten, sondern an alle Menschen, die begierig sind, sich zum Besseren zu wandeln. Die Wandlungen ereignen sich durch unsere Kraft, uns selbst zu heilen, uns wahrlich selbst zu erschaffen; der Behandler ist, durch sein Nicht-identifiziert-Sein, das katalysierende Element für diese Wandlungsbewegung.

Die Grundlagen — Reflexzonenmassage

Im alten China war bekannt, daß es ein vielschichtiges System von Energieströmungen gibt, die in bestimmbaren Bahnen oder Mustern durch den menschlichen Körper kreisen. Stelle dir den Körper als fünfzackigen Stern vor, dessen fünf Spitzen vom Kopf, den Händen und den Füßen gebildet werden. Verbinde die Punkte und du wirst sehen, daß es keinen Anfang und kein Ende gibt (Abb.1).

Es ist die äußere Funktion dieser Endpunkte — Kopf, Hände und Füße — mit der Außenwelt in Verbindung zu stehen. Darüberhinaus spiegelt sich jeder Teil des Körpers in ihnen, insbesondere in den Füßen, die mit der Erde, der Grundlage unseres Seins, in Berührung sind. Die Füße wurden als *Spiegel des Körpers* beschrieben. Jeder Teil des Körpers hat eine entsprechende Reflexzone in den Zehen, den

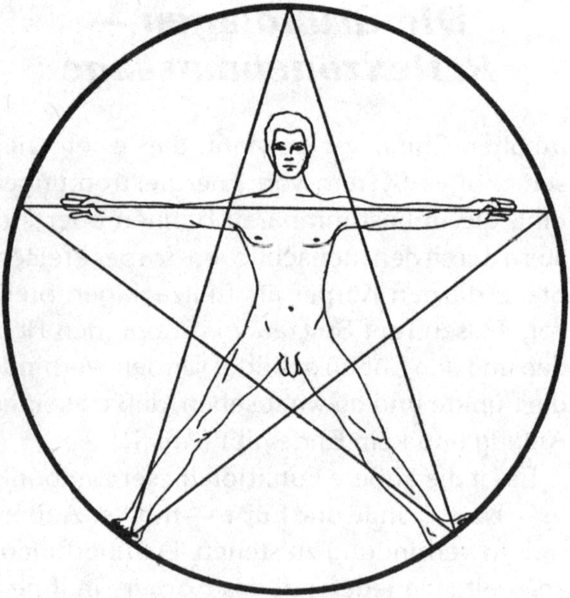

Abb. 1

Sohlen, den Fersen und den Fußrücken (Abb.2).

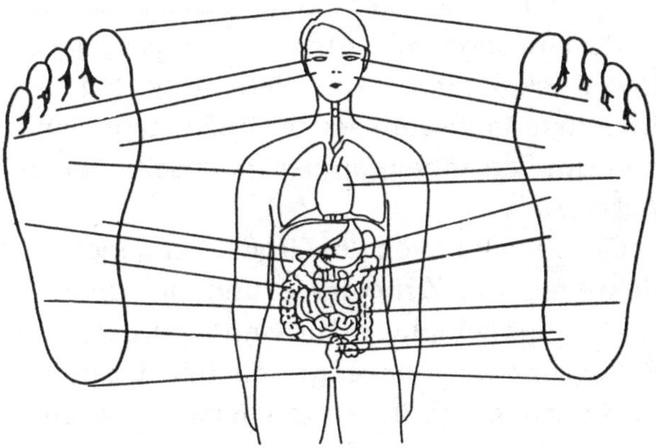

Abb. 2 Die Fuß-Reflexzonen

Wenn die Füße eine Massage erhalten, hat das eine Anregung zur Folge, und im entsprechenden Körperteil wird ein vorhersagbarer Reflexvorgang festgestellt, der das Gleichgewicht und den Kreislauf wiederherstellt und Disharmonien ausgleicht.

Die Zehen spiegeln den Kopf, das Gehirn, Augen, Nase, Mund und Nebenhöhlen wider. Die Sohlen reflektieren die inneren Organe. Die oberen Fußbereiche spiegeln das Skelett des Körpers wider. Die Fersen reflektieren den unteren Teil des Körpers, einschließlich der Fortpflanzungs- und Ausscheidungs-Organe. Das Rückgrat hat seine Reflexzone auf der Knochen-Kante vom ersten Großzehengelenk bis zum Fersenbein an der Innenseite beider Füße (Abb. 3).

Die oberen Ecken des Großzehennagels reflektieren die Zirbeldrüse und die unteren Ecken die Hypophyse (Hirnanhangdrüse). Die Reflexzone des Beckengürtels bildet eine Linie über den Fußrücken vom inneren Knöchel zum äußeren Knöchel.

Der rechte Fuß spiegelt die rechte Körper- und Kopfseite wider, der linke Fuß die linke Seite von Körper und Kopf.

An jeder unserer Tätigkeiten sind drei Prozesse beteiligt: Denken, Bewegung und Handeln. Stell dir z.B. vor, du willst einen Brief schreiben; der Gedanke entsteht, du gehst zum Schreibtisch; du nimmst Stift und Papier und beginnst zu schreiben. Der Kopf bildet das Denkzentrum. Unsere Hände sind die

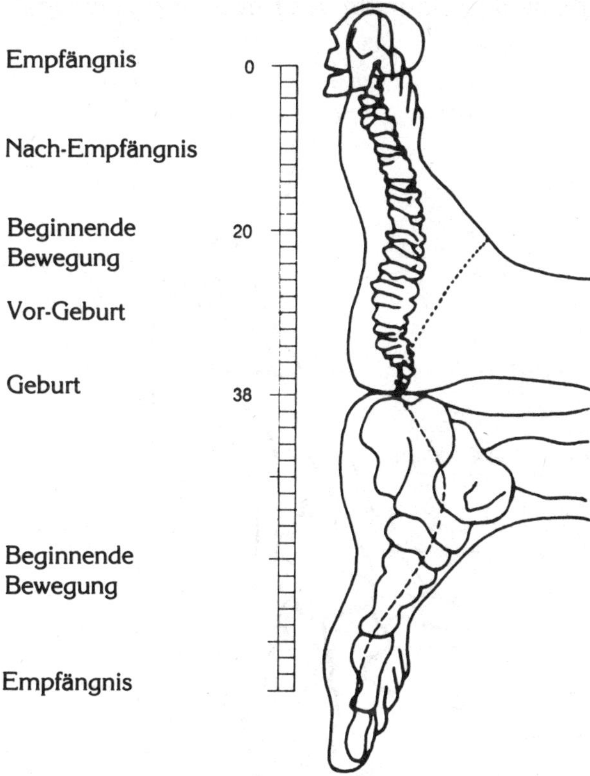

Abb. 3 Die Reflexpunkte der Wirbelsäule und das vorgeburtliche Muster

Endpunkte des Handlungszentrums. Die Füße sind Endpunkte des Bewegungszentrums.

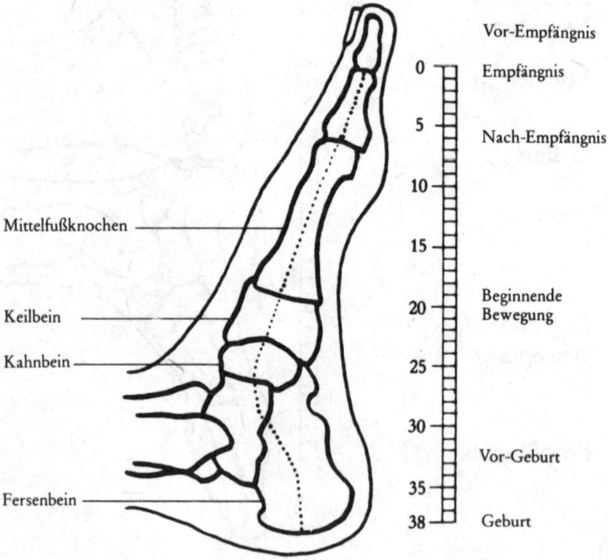

Abb. 4

Die Grundlagen — Vorgeburtliches (Pränatal-) Muster

Die gepunktete Linie in den Abbildungen 3 und 4 zeigt die Reflexzone des Rückgrats, aber in unserer Arbeit ist sie auch die Reflexzone für die *intra-uterine Reifungs-Phase*, die neun Monate von der Empfängnis bis zur Geburt.

Die Phase vor der Empfängnis (Präkonzeption) wird in dem Bereich zwischen der Spitze der großen Zehe und dem ersten Gelenk widergespiegelt. Das Gelenk selbst ist die Reflexzone der Empfängnis.

Zwischen diesem Gelenk und einem Punkt, der ungefähr auf der Mitte des Fußgewölbes liegt, befindet sich die Reflexzone für die Zeit nach der Empfängnis (Postkonzeption), d.h. die ersten 18 bis 22 Wochen der Reifungsperiode. Dort, zwischen dem inneren Keilbein und dem Kahnbein, liegt die Reflexzone des Zeitpunkts, an dem der Fötus beginnt, sich zu bewegen.

An diesen Punkt schließt die vorgeburtliche Phase, von der 18. - 22. Woche bis zum Augenblick der Geburt, an. Der Geburts-Reflexpunkt liegt dort, wo die Achillessehne von oben auf das Fersenbein trifft. Wenn wir uns die unterschiedlichen Stadien der Reifungsperiode im Mutterleib und davor im Hinblick auf *Bewußtsein* ansehen, finden wir folgendes:

Phase vor der Empfängnis:

Hier nähert sich das Bewußtsein des neuen Lebens dem Augenblick der Empfängnis; die Reinheit des Faktors *Leben* wird modifiziert durch Einflüsse materieller und nicht-materieller Art, die sich während der Empfängnis niederschlagen. Einflüsse dieser Art auf der materiellen Ebene wären elterliches Erbgut, rassisches Erbgut und andere Bedingungen, die zeitlich zurückliegen. Die nichtmateriellen Einflüsse sind die kosmischen und menschlichen Faktoren, z.B. Astrologie und Archetypen (Urformen) — unter vielen anderen — die von der Menschheit geschaffen oder anerkannt worden sind.

Empfängnis:

Dies ist für den neuen Menschen der Brennpunkt in der Zeit. Alle Umstände, die seine Entwicklung und seine Eigenart bestimmen, sind hier gegenwärtig. Jetzt beginnt die Arbeit des Bauens, sozusagen nach dem Plan, den ein Architekt bereits angefertigt hatte.

Phase nach der Empfängnis:

Dies ist die Periode der Formgebung. Alle körperlichen, geistigen und gefühlsmäßigen Einflüsse, die den werdenden Menschen zum Individuum machen, werden festgelegt.

Beginnende Bewegung:

In Begriffen des Bewußtseins stellt dieser Abschnitt wieder einen Wendepunkt für den Embryo dar, der bis jetzt in sich gekehrt und auf sich selbst konzentriert mit seiner körperlichen Entwicklung beschäftigt war. Jetzt ist die Entwicklung nach außen gerichtet, hin zur Bewegung, Ausdehnung und Erkundung seiner Behausung, der Gebärmutter.

Vorgeburts-Phase:

Dies ist die Periode der Vorbereitung zum Handeln, in dem die Einflüsse sich niederschlagen, die über die Entwicklung des werdenden Menschen als soziales Wesen, als Mitglied der Gesellschaft, entscheiden.

Geburt:

Dies ist die Periode des Handelns oder Nichthandelns. Die jetzt vorherrschenden Einflüsse bestimmen, ob es im Leben dieses Menschen ein Empfinden für Freiheit und Erfüllung oder das Gegenteil davon geben wird.

Die praktische Anwendung

Setze dich im rechten Winkel zu der Person, die du behandeln möchtest und nimm ihren rechten Fuß auf deinen Schoß (Abb. 5). Warte einen Moment, bevor du mit deinen Händen das Energiefeld um den Fuß durchdringst. Nimm dann den Fuß fest in beide Hände und mache dich allmählich mit ihm vertraut.

Abb. 5 Der Behandler sitzt rechtwinklig zum Patienten

Laß den allgemeinen Zustandes dieses Fußes in dein Bewußtsein dringen; du wirst bemerken, ob er sich heiß oder kalt, feucht oder trocken, füllig, mager oder knochig anfühlt, und ob er beweglich oder steif ist. Spüre, ob es empfindliche oder verspannte Zonen gibt, ob die Haut weich oder rauh ist, ob Hornhaut oder Schwielen da sind, und wenn ja, wo. Nimm das Fußgewölbe in Augenschein, ob es normal oder hoch ist, oder ob die Sohlen flach sind.

Was immer deine Erkundigungen am Fuß erbringen, nimm es wahr, erkenne es an und belasse es dabei. Du bist sozusagen ein Katalysator, du schickst dich nicht an, eine Wandlung oder Heilung zu bewirken. Dies wird im Kapitel *Der Behandler — Motivation* genauer erklärt.

Für die Behandlung benutzt du deine Fingerspitzen, mit kreisenden oder mit vibrierenden Bewegungen , als würdest du ein winziges Cello spielen, oder indem du einfach von Punkt zu Punkt tastest. Der Druck deiner Finger kann von leicht bis fest variieren.

Beginne mit deiner Arbeit in dem in Abb. 3 und 4 dargestellten Bereich. Arbeite entlang der großen Zehe, wobei du auch der vorderen und hinteren Ecke des Zehennagels Beachtung schenkst. Folge mit den Fingern der Außenseite der zwei Zehenglieder bis zum zweiten Gelenk und dann der Seite des langen Mittelfußknochens (Abb. 4). Wenn du die Fußwurzelknochen erreichst, achte auf die Grube zwischen dem inneren Keilbein und dem Kahnbein. Gehe weiter zum Fersenbein und behandle die gesamte Innenseite bis oben zu der Stelle, an der die Achillessehne ansetzt. Behandle auch die Reflexzone des Beckengürtels, d.h. die Linie, die von unterhalb des inneren Knöchels über den Fußspann hinweg bis unter den äußeren Knöchel führt. (Abb. 3)

Arbeite an jedem Fuß 30 Minuten; dann solltest du unverzüglich deine Hände unter fließendem kalten Wasser waschen.

Das Prinzip der Entsprechungen

Wenn wir den Körper als ein Ganzes betrachten, können wir erkennen, daß die Körperzellen drei verschiedene Arten von Strukturen bilden: hartes Gewebe, weiches Gewebe und Flüssigkeiten. Das harte Gewebe, d.h. Knochen und Skelett, bildet die Ausgangsstruktur, die aus all den Faktoren geschaffen wurde, die im Augenblick der Empfängnis in die Entstehung unseres Lebens eingeflossen sind. Die Struktur des weichen Gewebes drückt aus, was wir aus unserem Leben machen und bildet die fortwährende Wandlungs-Bewegung in unserem Inneren ab. In Form von Fleisch und Haut bildet es die Umhüllung für das Knochengerüst, und durch Muskeln, Bänder und Sehnen gibt es ihm Beweglichkeit. Die inneren Organe, die durch Gehirn und Nerven gesteuert werden, erfüllen ihre Funktion, den Körper lebendig und gesund zu erhalten.

Die Strukturen des harten und weichen Gewebes werden von den Körperflüssigkeiten durchdrungen; diese drücken die Bewegungsrichtung der Wandlungen aus, die ordnungsgemäße Art und Weise, in der sich die Körperfunktionen vollziehen.

Auf einer anderen Ebene entsprechen die drei Strukturarten drei Aspekten unseres Bewußtseins: die Knochenstruktur stellt das Dauerhafteste dar, den Lebens- oder Energie-Faktor, d.h. auch den Körper-Aspekt; die Struktur des weichen Gewebes entspricht dem Verstandes-Aspekt, während die Flüssigkeiten unserem Gefühls-Aspekt entsprechen, der unserem Dasein Antrieb gibt. Wenn wir anerkennen, daß der Sinn unserer irdischen Existenz darin besteht, unser Bewußtsein auszudehnen, dann stellen wir fest, daß der emotionale Aspekt die Richtung dieser Antriebsbewegung auf Ausdehnung hin anzeigt.

In Abb. 6 ist durch die Wirbelsäule und den Schädel eine senkrechte Linie gezogen, die den Verlauf des Lebensprinzips darstellt. Weiterhin sind drei Querlinien eingezeichnet: die erste durch den Schädel, die zweite durch die Schultern und die dritte durch das Becken; sie entsprechen den drei menschlichen Primär-

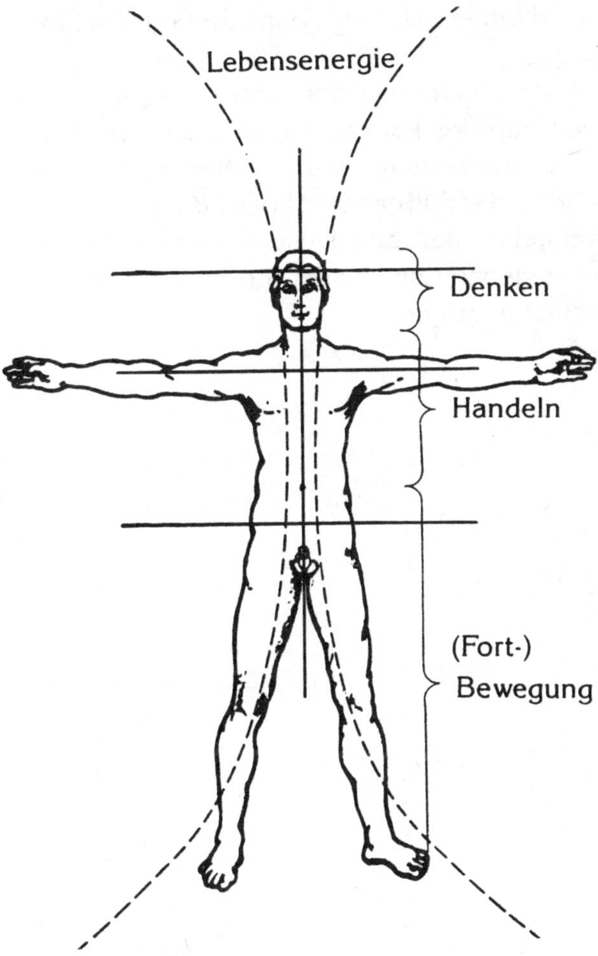

Abb. 6

handlungen: Denken, Handeln und (Fort-)Bewegung.

Wenn du mit der Behandlung beginnst und den Fuß des Patienten erforschst, spürst du, ob er trocken oder feucht, füllig oder mager, und ob das Fußgewölbe hoch oder flach ist; du verstehst, daß alle diese Merkmale die verschiedenen Aspekte der Struktur dieses Menschen anzeigen.

Der Behandler — Motivation

Aus den modernen Wissenschaften wissen wir, daß jede Zelle in der unglaublichen Kompliziertheit des menschlichen Körpers ein Hologramm darstellt, das die vollständige Information jeder anderen Zelle und damit des ganzen Wesens, einschließlich der Erinnerung an die Vergangenheit, enthält. Wenn wir also mit den Fingern die Reflexzonen der Wirbelsäule an den Füßen, an den Händen und am Kopf behandeln, richten wir unsere Aufmerksamkeit auf genau festgesetzte Augenblicke der Vergangenheit, und zwar auf die 38 Wochen der Reifungsperiode in der Gebärmutter, die Zeit, in der all unsere körperlichen, geistigen, emotionalen und seelischen Wesensmerkmale begründet wurden. Wir lockern dieses Zeitgefüge, wir sind Katalysatoren.

Wer und was ein Mensch ist, ist das Ergebnis all der Hindernisse in der Zeit, die sich während der vorgeburtlichen Periode ereignet haben. Woher kommen diese Blockierungen, die den Energiefluß unserer Erschaffung hemmen?

Wir können annehmen, daß sich das werdende Leben während unseres Abstiegs zur Erde »einverstanden erklärt«, mit bestimmten Erscheinungen von Energie zu arbeiten. Um diese hervorzubringen, kann unsere Lebenskraft die Schwingungsrate dieser Energie heruntertransformieren.

Die Erscheinungen können vielfältig sein und sich auf allen Ebenen ausdrücken: körperlich, geistig und emotional, wie auch auf der Verhaltensebene und im seelischen Bereich; sie können sich von geistiger Zurückgebliebenheit bis zur Genialität erstrecken, von höchsten Höhen bis zu den tiefsten Abgründen der Gefühlswelt, vom »Leben in der Wildnis« bis zur mystischen Erfahrung, von der Neigung zu Unfällen bis zum Besitz subtiler körperlicher Kräfte.

Als Katalysatoren können wir uns nicht damit befassen, auf welche Weise die Energien sich offenbaren. Betrachten wir für einen Moment den Lebenszyklus der Eichel. Die Erde ist, zusammen mit den Elementen, der Katalysator, durch den die körperliche Struktur der

Eichel sich lockert und schließlich auflöst, so daß ihre Lebenskraft eine Wurzel in die Erde senken und einen Trieb hinauf ins Licht senden kann. Die Erde und die Eichel sind beide Erscheinungen des Lebens. Jenseits dieser Erscheinungen ist die Energie, die das Universum erschuf und noch immer erschafft.

Leben ist und wirkt durch seine Erscheinungen. Die Eigenschaften des Behandlers wie auch die des Patienten sind Erscheinungen von Energie, aber wir befassen uns nicht mit ihnen. Es ist nicht an uns, mit unserem beschränkten Wissen und Verständnis, danach zu streben, Erscheinungen von Energie zu verändern oder zu verbessern. Das wird die Lebensenergie selbst tun, und deshalb ist es unser Ziel, mit dieser Energie zu arbeiten. Ihre Bewegung ist immer auf Wachstum, Erfüllung und Vervollkommnung gerichtet; im Menschen bedeutet es die Erschaffung eines vollständig verwirklichten menschlichen Wesens.

Wie die Eichel, die bereit ist, ihr Potential freisetzen zu lassen, in der Erde ihren Katalysator findet, so findet der Patient einen wahren Katalysator in dem Behandler, der objektiv, unparteiisch (engl. *detached*) ist, sich nicht identifiziert.

Da die Ausbildung in der Metamorphischen Methode im wesentlichen eine Einübung in Objektivität, inneres Frei-Sein oder Nicht-Identifikation (engl. *detachment*) ist, müssen wir uns genau darüber im klaren sein, was wir mit diesem Begriff meinen. Man darf nicht daraus folgern, daß Nicht-Identifikation vom Behandler verlangt, ohne Mitgefühl zu sein. Wir erinnern uns in diesem Zusammenhang an den Ausspruch von T. S. Eliot *to care and not to care*. Der Behandler ist ein zutiefst mitfühlender Mensch und arbeitet auf der Basis *bedingungsloser* Liebe, einer Liebe, die nicht an seine eigenen Hoffnungen, Erwartungen, sein Verständnis oder sein Können geknüpft ist.

Bei der Einübung der *Nicht-Identifikation* oder dem *inneren Frei-Sein* beobachtet der Behandler den Fluß der Energie, wie sie sich im Patienten offenbart, er wird der Symptome der Leiden und Probleme gewahr; er erkennt alles, was er beobachtet hat, an; und dann beläßt er es dabei, er entläßt es aus einer Erinnerung, er beschäftigt sich nicht weiter damit.

Diese Haltung mag als Gefühlskälte ausgelegt werden; jedoch entspricht unserer wahren Natur eine Fürsorglichkeit, die uns noch vor der Geburt eingegeben wurde. Diese Fürsorglichkeit besteht aus zwei Eigenschaften, deren eine die leidenschaftliche Liebe zum Leben ist. In den Wochen nach der Empfängnis, der gestaltgebenden Periode, senken wir die Wurzeln unserer Individualität hinab, wir geben uns dem Abenteuer Leben hin. Die treibende Kraft hinter dieser Hingabe ist Leidenschaft für das Leben.

Die zweite Eigenschaft wird während der vorgeburtlichen Phase entwickelt, während derer wir uns der uns umgebenden Welt öffnen, uns darauf vorbereiten, Beziehungen mit Menschen und mit dem Reich der Natur aufzubauen. Das heißt, Mitgefühl mit anderen haben, sich anderen nähern.

Der Behandler ist alles andere als gefühlskalt; teilnahms- und verständnisvoll hört er zu, was der Patient ihm zu sagen hat; aber im Bewußtsein dieser zwei Grundeigenschaften kann er es sich selbst erlauben, unidentifiziert zu bleiben, er verstrickt sich nicht in den Problemen des Patienten. Und in der Tat ist die Besorgnis des Patienten um seine Symptome nach kurzer Zeit vergessen. Der Behandler weiß, daß die Lebenskraft des Patienten das Werk der Wandlung, die Metamorphose, in die Wege leiten und vollenden wird; durch sie wird im Menschen dasjenige ans Licht gebracht, ent-deckt, was er in Wahrheit ist.

Der Behandler betrachtet sich als Diener des Höchsten, indem er nach besten Kräften mit der unendlichen Energie arbeitet, die Symsteme über Systeme von Universen zusammenhält. Er begnügt sich damit, es dabei zu belassen. Seine Arbeit bedeutet, das Leben zu bejahen, es leidenschaftlich zu lieben und es mitfühlend mit anderen zu teilen.

Mit den Worten der Bhagavad Gita:

Das Werk zu tun sei dein Beruf
Nicht kümmre dich's, ob es gelang,
Begehre nie der Taten Frucht
Doch fröne nicht dem Müßiggang.

Der Behandler — Körperliche Erscheinungen

1. Es kann geschehen, daß deine Finger anfangen, sich sehr schwer anzufühlen. Wenn das eintritt, schüttle sie gut aus, um die Schwere loszuwerden.
2. Dich überkommt vielleicht ein Gefühl der Müdigkeit. Wenn das eintritt, finde deine Mitte und wirf die Müdigkeit ab. Stell dir ein reines weißes Licht vor, das dich vom Herzen ausgehend erfüllt, bis du selbst zum strahlenden Lichtball geworden bist; in diesem Licht kann sich keine Müdigkeit halten.
3. Es kommt vor, daß du gähnen oder seuzen mußt, oder du empfindest einen Drang zu niesen oder aufzustoßen Diese Bedürfnisse solltest du nicht unterdrücken, sondern eher unterstützen. Du hast Erscheinungen blockierter Energie aufgefangen, die die Lebenskraft des Patienten gerade freige-

setzt hat, und du unterstützt damit ihre weitere Auflösung.

Selbstbehandlung

Ja, es ist möglich, die eigenen Füße zu behandeln. Wenn du es tust, kannst du jedoch einen *geschlossenen Kreislauf* schaffen, in dem die blockierten Energien, sobald sie freigesetzt sind, wieder eingeschlossen werden, anstatt sich zu zerstreuen. Aus diesem Grunde ist es ratsam, einen kleinen elektrischen Vibrator zu benützen. Doch selbst ein Vibrator kann einige der blockierten Energien aufnehmen: er läuft dann heiß oder er »klebt« an einer Stelle des Fußes, an der du gerade arbeitest. Du kannst die Situation meistern, indem du dich wieder als eine Kugel aus strahlendem Licht siehst. Es ist besser, deine Füße selbst zu behandeln, als gar keine Behandlung zu erhalten, aber noch besser ist es, wenn du einen Freund findest, der es für dich tut.

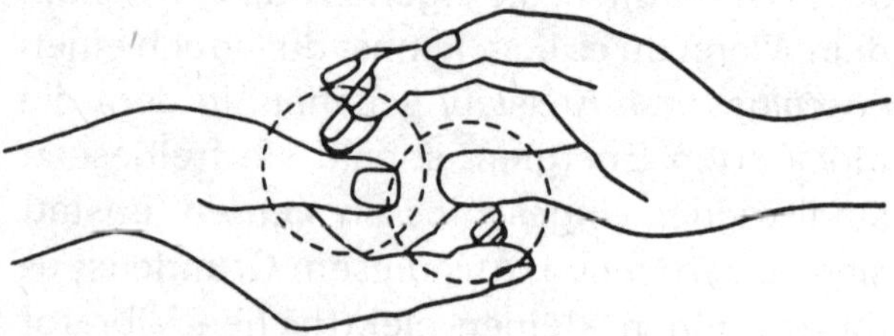

Abb. 7 Der Brennpunkt liegt auf den Empfängnis-Punkten an den beiden Daumen

Das Empfängnis-Muster

Der Gedanke, ausschließlich auf dem Empfängnis-Punkt zu arbeiten (Abb. 7), ist eine Weiterentwicklung der Arbeit am vorgeburtlichen Muster. Unmittelbar vor der Empfängnis, noch im Bereich des Abstrakten, ist alles, was wir werden sollen, bereits vorhanden. Wenn wir nur auf den Empfängnis-Punkten an den Großzehen und den Daumen arbeiten, oder den Empfängnis-Punkt auf dem Kopf berühren, schalten wir sozusagen ein Licht an, das beleuchtet, was im Augenblick der Empfängnis geschaffen werden soll. Die Lebensenergie ist nicht an Zeit gebunden, deshalb kann sie ihr Werk vollbringen und Einflüsse, Blockierungen oder Eigenschaften zerstreuen, bevor sie sich durch die Empfängnis im Stofflichen niederschlagen. Am Empfängnis-Muster kannst du arbeiten, sooft du willst, denn hier gibt es noch keine Bindung an Materie, Zeit oder Raum. Wir stellen fest, daß das

Ergebnis weitreichender zu sein scheint als in der Arbeit am vorgeburtlichen (Pränatal-) Muster, die jedoch weiterhin noch sehr notwendig ist. Arbeit am Empfängnis-Muster ist besonders segenbringend für Kinder, ältere Menschen und geistig Behinderte, wie auch für Tiere. Es vermittelt ihnen ein Gefühl tiefen Friedens.

Die Hände und der Kopf

In der Metamorphischen Methode liegt unsere Aufmerksamkeit bei den Füßen, denn auf ihnen bewegen wir uns fort, und Bewegung ist für das Leben, und damit für uns als Menschen wesentlich. Das Prinzip der Bewegung findet in unseren Füßen seinen Ausdruck. Gemäß den Worten der alten Weisheit *Wie oben, so unten*, spiegeln wir in uns eines der grundlegenden Gesetze wider, die das Universum regieren, das Gesetz der Bewegung.

Auf dem Weg der Evolution mußten wir die Fähigkeit zum Denken und zum Handeln mit Hilfe von Kopf und Händen entwickeln. Vom universalen Standpunkt aus ist dies eine zweitrangige Entwicklung. Aus diesem Grunde arbeiten wir zuerst und vorrangig an den Füßen und ergänzen diese Arbeit durch eine kürzere Behandlung an den Händen und am Kopf.

Die Behandlung der Füße setzt eine Wandlungs-Bewegung beim Patienten in Gang. Innerhalb dieser Wandlungs-Bewegung ermöglicht die Behandlung der Hände seiner Lebenskraft, Blockierungen in seiner Handlungsfähigkeit und seinen schöpferischen Fähigkeiten zu lösen. Durch die Behandlung am Kopf werden gleichfalls innerhalb derselben Wandlungs-Bewegung seine Fähigkeiten freigesetzt, zu denken, initiativ zu sein und sein Leben zu meistern. Bei Händen und Kopf können die Wandlungen dramatisch sein, doch sie sind nicht von Dauer. Bei der Behandlung an den Füßen sind die Wandlungen im Gleichgewicht und erweisen sich in der Praxis zumeist als dauerhaft.

Praktische Anwendung: Der Kopf

Behandle entlang einer gedachten Linie über die Kopfmitte vom Schädeldach hinunter bis zur Grube unterhalb der knochigen Hinterhaupts-Kante (Abb.8). Von dieser Grube aus gehst du am unteren Schädelrand auf beiden Seiten nach außen zu den Ohren und an den Mastoid-Knochen beiderseits nach oben und wieder zurück. Gebrauche leichten Fingerdruck, und setze von Punkt zu Punkt neu an, um nicht an den Haaren zu ziehen. Stütze mit einer Hand sanft die Stirn, während du mit Fingern und Daumen der anderen Hand behandelst.

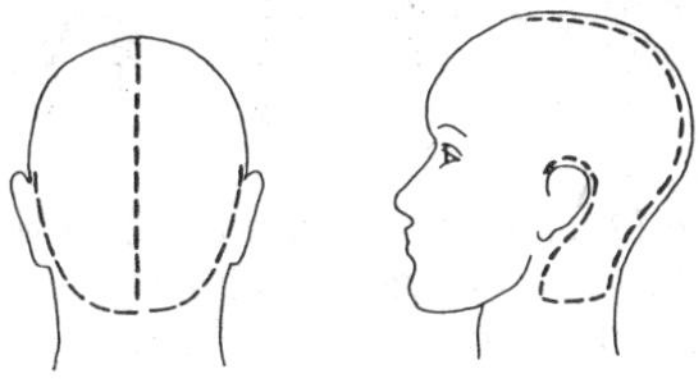

Abb. 8

Die Hände

Arbeite wie beim Großzehennagel an den äußeren und inneren Ecken des Daumennagels. Gehe dann am Knochenrand entlang von der Daumenspitze bis zum Handgelenk (Abb.9). Behandle dann den Rücken des Handgelenks in gleicher Weise wie den Fußrücken.

Für Hände und Kopf gilt: behandle so lange, wie der Patient es wünscht oder wie du es als angemessen empfindest.

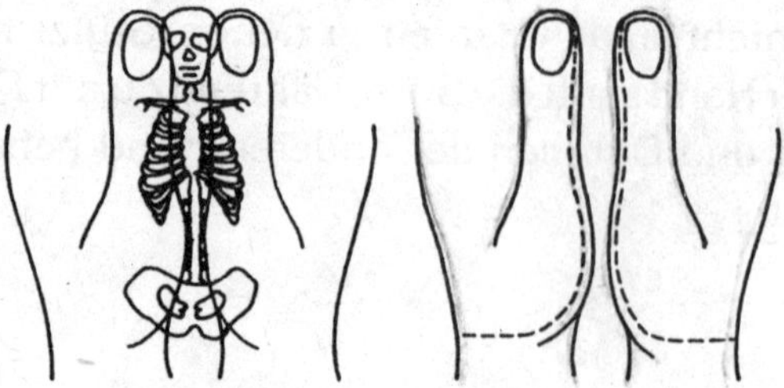

Abb. 9 Die Daumen in Bezug auf das vorgeburtliche Muster und die zu behandelnden Zonen

Rechts — Links

Im rechten Fuß offenbaren sich die Muster, mit denen wir jetzt zu tun haben; sie zeigen, was wir aus unserem Leben machen. Aus diesem Grund beginnen wir gewöhnlich mit der Behandlung am rechten Fuß und wechseln dann zum linken über. Im linken Fuß sind die Muster zu finden, mit denen wir ins Leben getreten sind, die sich jedoch noch nicht ausgedrückt haben.

Neuorientierung

Es kann geschehen, daß sich der Patient am Tag nach der Behandlung unwohl fühlt, eine Art Verwirrung erlebt. Das liegt daran, daß er beginnt, tiefgreifende Wandlungen zu spüren, die durch die Fußbehandlung ausgelöst wurden; er muß sich in dieser Wandlungs-Bewegung neu orientieren. Das ist eine normale Erscheinung der Wandlungs-Bewegung. Deshalb sollen Patienten nicht mehr als eine Stunde pro Woche an den Füßen behandelt werden; jedoch können, wie schon erwähnt, Hände und Kopf häufigere Behandlung erfahren.

Kinder können die Fußbehandlung mehr als einmal pro Woche erhalten, und das gleiche gilt für geistig Behinderte und für Menschen, die sich in einer Krise befinden. Bei Kindern kann die einstündige Behandlung auch über die Woche verteilt werden, bis zu etwa 10 Minuten täglich.

Regression

Gelegentlich kann jemand »zurückgehen«, d.h. über zurückliegendes Leid oder Krankheiten, die dann für kurze Zeit wiedererlebt werden, regredieren. Die Lebenskraft bringt diese alten »Miasmen« an die Oberfläche, so daß sie entlassen werden können. Sei aufmerksam gegenüber allem, was geschehen kann, beruhige den Patienten und laß es geschehen.

Wir haben bemerkt, daß der Patient — in welchem Zustand auch immer er sich befindet, ob es sich um Regression oder um eine tiefgreifende Wandlungs-Bewegung handelt — er diese immer im Zustand der Ausgeglichenheit erfährt. Das läßt vermuten, daß er immer genügend Energie zur Verfügung hat, um mit der Wandlung fertig zu werden.

Behandlung und Anteilnahme in der Familie

Es wird oft gefragt, warum Eltern für ein Kind die besten Behandler sind, und umgekehrt ein Kind für seine Eltern. Betrachten wir zunächst unsere genetische Struktur. Von unseren Eltern kommen zwei Zellen zusammen, die in sich unvollständig sind, und vereinigen sich zu einer einzigen Zelle; dies geht aus von der ursprünglichsten Struktur der Eltern, den Genen. Diese neue Zelle beginnt sich zu teilen und teilt sich auf höchstentwickelte Weise weiter, bis nach neun Monaten ein Kind gereift ist, um auf die Welt zu kommen.

Ein Kind ist also auf der grundlegendsten Stufe tatsächlich die Substanz seiner Eltern. Einige Gene sind regressiv, andere dominant, und zusammen bilden sie ein neues, einzigartiges Lebewesen. Man ist wahrlich das Kind seiner Eltern.

Wenn Eltern in dieser Arbeit der *Metamor-*

phose die Füße ihrer Kinder berühren, stellen sie buchstäblich einen Kontakt zu ihren eigenen »Bausteinen« her. Ihre Finger werden von dem Urwissen geleitet, das in ihren eigenen Zellen, oder in den Zellen des Kinderfußes, den sie berühren, gespeichert ist. Die Finger werden mit dem sicheren Wissen, wohin sie gehen sollen, an der Knochenkante des Fußes entlang geleitet. Im vorgeburtlichen Muster des Kindes bewegen sie sich zu jenen Augenblicken in der Zeit hin, in denen die Blockierungen angelegt wurden, und jenseits davon hin zum *reinen Fluß des Lebens.* (Denke daran, daß wir arbeiten, um die Struktur der Zeit aufzulösen). Dies bezieht sich auch auf Kinder, die die Füße ihrer Eltern behandeln. Das Wissen kommt nicht vom Intellekt, sondern von jenseits der Grenzen des Verstandes.

Ein guter Behandler deckt das gesamte vorgeburtliche Muster ab, aber dennoch arbeitet er nicht aus dem angeborenen Wissen heraus, das Eltern und Kinder besitzen. Eltern brauchen nicht zu zögern oder einen Mangel an Vertrauen zu haben; sie werden nach dem ersten Probieren feststellen, daß ihre Finger dorthin geleitet werden, wohin sie sollen. Sie sind tatsächlich die besten Behandler für ihre

Kinder.

Betrachten wir die Situation der adoptierten Kinder und der erweiterten Familie. In der Familieneinheit bildet die genetische Verbindung die Brücke zwischen den Mitgliedern. Man kann annehmen, daß sich die Wandlungen auf dieser Ebene abspielen, oder daß die genetische Verbindung die Brücke darstellt, auf der Energie übertragen wird. Dieselbe Art von Reaktion stellt sich jedoch auch bei adoptierten Kindern ein. Ein anderes inneres Bindeglied als das genetische scheint hier am Werk zu sein, das genau dieses Paar und das adoptierte Kind zusammengebracht haben mag.

Dieses Bindeglied wirkt sogar im Falle enger Beziehungen; man hat beobachtet, daß ein Partner, der den Fuß des anderen behandelt, selbst stark betroffen sein kann. Es spielt keine große Rolle, ob es sich um innere oder genetische Verbindungen handelt; wenn die Behandlung gegeben wird, setzt eine Wandlungs-Bewegung ein.

Das werdende Leben hat vor seiner Inkarnation »zugestimmt«, während seiner Erdenzeit mit bestimmten Einflüssen zu arbeiten. Es hat sich außerdem »bereiterklärt«, genau durch diese beiden Bauherren — die Eltern — auf die Welt zu kommen, da diese es mit der besten Garnitur von Materialien (den Genen) versorgen, um sich selbst zu erschaffen und seinen Zweck zu erfüllen, zu dem es auf die Erde gekommen ist. In einigen Fällen mag dieses Material geistige Zurückgebliebenheit beinhalten. Doch das ist genau das, womit das werdende Leben zu arbeiten »zugestimmt« hat, und das ist es auch, was für die Lektionen notwendig war, die zu lernen es in diese Lebenszeit gekommen ist. Die Eltern sind mit den Lektionen, die sie zu lernen haben, ebenfalls beteiligt.

Jeder von uns muß dafür Verantwortung übernehmen, wer er ist, und diese Verantwortung beginnt mit der Empfängnis. Aus diesem Grund sollen Eltern sich niemals für die Behinderungen ihrer Kinder schuldig fühlen oder andererseits das Gefühl haben, die Behinderung sei »von Gott gesandt« und sie hätten kein Recht, zu versuchen, diesen Zustand zu ändern. Die Behandlung muß in vollem Vertrauen darauf gegeben werden, daß die Lebenskraft des Kindes sie ruft und führt.

Eltern fragen oft, wie sie eine innerlich freie, nicht-identifizierte Haltung einnehmen können, wenn ihr einziger Wunsch ist, ihrem Kind zu *helfen*. Dieses wichtige Thema wird in dem Kapitel *Der Behandler — Motivation* ausführlich behandelt. Die Frage wird häufig von Eltern gestellt, bevor sie die Arbeit mit dem Kind beginnen. Wenn sie erst einige Behandlungen gegeben haben, stellen sie fest, daß sich diese Frage von selbst erledigt hat.

In unserer Praxis ermutigen wir Eltern, die Behandlung zu geben. Aber wenn ein Kind mit seiner Mutter zu einem Behandler kommt, kann es etwas gegen ihre Anwesenheit im Sprechzimmer haben und ist dann während der Behandlung angespannt und ruhelos. Die Mutter hat natürlich Fragen, die sie stellen möchte, aber sie sollte sie zurückstellen, bis die Behandlung beendet ist. Kinder möchten die ungeteilte Aufmerksamkeit eines Erwachsenen haben, und die sollten sie fairerweise auch erhalten.

Dem Behandler muß klar sein, daß die ganze Familie an dem Prozeß der Wandlung beteiligt ist, und er sollte sich darauf einstellen, mit den Eltern darüber zu sprechen.

Wenn man damit anfängt, die Füße eines Kindes zu behandeln, wird dies durch das Wirken seiner Lebenskraft grundlegende Wandlungen nach sich ziehen. Unserer Erfahrung nach machen auch die Eltern gleichzeitig Wandlungen durch. Wenn sie ihre Füße nicht behandeln lassen, sind diese Wandlungen langsam, sozusagen »zweiter Hand«, wenn sie sich jedoch der Behandlung unterziehen, stellen sie fest, daß die Wandlung sowohl bei sich selbst als auch beim Kind beschleunigt wird.

In der Familieneinheit kann im Lauf einer Serie von Behandlungen die Last der Probleme oder Einflüsse, die sich innerhalb des familiären Umfeldes auswirken, von einem Mitglied auf ein anderes übergehen. Während ein geistig behindertes Kind stärker wird, mögen die Eltern einige Schwierigkeiten durchmachen.

Familienmitglieder wechseln sich ab, die Last von Krankheiten oder Schwierigkeiten zu tragen, da es die Einheit als Ganzes ist, die bis zu einem gewissen Grade blockiert ist. Folglich übernimmt ein Mitglied die Last und diese wird anschließend einem anderen übertragen, bis die ganze Einheit stark geworden ist. Die Kinder werden in sich stärker und freier, und schließlich sind alle Einflüsse eingelöst.

Wenn die Mitglieder einer Familie oder einer Gruppe sich gegenseitig die Füße behandeln, kann ein geschlossener Kreislauf entstehen, und die blockierten Energien, die durch die Behandlung freigesetzt wurden, verbleiben vielleicht eine zeitlang innerhalb dieser Einheit. Es ist daher gut, wenn sich von Zeit zu Zeit ein Mitglied der Einheit, sei es eine Familie oder eine Gruppe, von jemandem die Füße behandeln läßt, der außerhalb dieser Einheit steht.

Manchmal, wenn ein Kind anfängt, sich zu verändern, wird ihm klar, daß seine Umgebung nicht mehr widerspiegelt, wer es ist, was es geworden ist; es ist über das hinausgewachsen, woran es gewöhnt war, und erlebt jetzt Verwirrung und Konflikte. Wir erinnern uns daran, daß die Familie in ihrem Wesen ein Ganzes ist, daß sie eine Einheit darstellt, die zu ihrem Vorteil beeinträchtigt wird, und wir machen uns klar, daß dieses eine Mitglied, besonders, wenn es geistig zurückgeblieben ist, noch mit den Problemen der ganzen Einheit belastet sein kann.

Es kann durchaus das Gefühl haben, daß es über seine Kraft geht, mit der Situation fertig zu werden. Hier kommt seine Lebenskraft zu Hilfe und wirkt darauf hin, daß es einen zeitweiligen Wechsel seiner Umgebung, eine Unterbrechung seiner Familienzugehörigkeit, erfährt. Solch ein Kind kann eine Krankheit auf sich ziehen, die die Ärzte nicht erklären können, vielleicht ein unerklärliches hohes Fieber, das einen wochenlangen Krankenhausaufenthalt notwendig macht. Während dieser Zeit kann das Kind seinen Wandlungsprozeß unbehelligt fortsetzen. Wenn es stark genug ist, hört das Fieber auf; es kann nun zu seiner Familie zurückkehren, nachdem es augenscheinlich eine wundersame Genesung erlebt hat. Jetzt ist es fähig, innerhalb des Familiengeschehens auf eigenen Füßen zu stehen.

Die Eltern wiederum brauchten, als sie ihrerseits anfingen, sich zu verändern, Raum, um mit sich selbst ins Reine zu kommen und um einen Zustand der Harmonie zu erlangen. Wenn das Kind nach Hause zurückkehrt, ist ihnen ihre neuerworbene Harmonie ganz klar, und sie sind begierig, darüber zu sprechen.

Schauen wir uns den Fall eines Vaters an, der ein geistig zurückgebliebenes Kind hat: Wenn er anfängt, sich die Füße behandeln zu lassen, macht die Entwicklung des Kindes gewöhnlich einen gewaltigen Sprung nach vorn. Es gibt eine weitere Verbesserung, wenn er den Punkt erreicht, wo er selbst die Füße des

Kindes behandelt. Die Gründe hierfür sind nicht ganz klar, aber man kann zwei Hypothesen aufstellen: 1. Indem der Vater sowohl durch seine Füße als auch die seines Kindes an der Arbeit beteiligt ist, wird er auch mit der Familie enger verbunden und so beginnt eine neue Energie zu fließen; 2. In unserer Arbeit befindet sich das Vaterprinzip im ersten Gelenk des großen Zehs auf der Höhe des Empfängnispunktes. Es kann sein, daß der Vater zur Zeit der Empfängnis — auf einer anderen als der Bewußtseinsebene — ein inneres Gefühl in bezug auf das werdende Leben hatte; jetzt, da er die Füße seines Kindes behandelt, kommt dieses Gefühl an die Oberfläche und das Muster kann freigesetzt werden.

Wenn Eltern mit dieser Arbeit in der Familiensituation bekannt gemacht werden, sind sie meistens begeistert und begrüßen die Gelegenheit, sie anzuwenden. Dann schwindet, obwohl das Kind sich verändert, nach einiger Zeit das Interesse, und schließlich hören sie ganz mit der Behandlung des Kindes oder untereinander auf. Sie bringen eine Menge Entschuldigungen vor, und auf den ersten Blick ist der Grund nicht offenkundig: »Ich weiß nicht, wie man das macht. Vielleicht sollte ich einen Auffrischungskurs machen, und dann fange ich wieder an.« In Wirklichkeit sind ihnen ihre eigenen Blockierungen bewußt geworden, und sie haben erkannt, daß sie selbst sich ändern müssen, und dieser Herausforderung fühlen sie sich nicht gewachsen. Der Status quo gibt ihnen eine scheinbare Sicherheit, und die Vorstellung von Wandlung, von Unbekanntem anstelle des Bekannten, ist äußerst bedrohlich.

Du mußt diesen Eltern deutlich machen, daß es für sie viel besser ist, die Behandlung zu geben, auch wenn sie sich nicht ganz und gar kompetent fühlen.

Tatsächlich kann man bei dieser Arbeit wirklich nur zwei Dinge falsch machen: das eine ist, einen Menschen *zu häufig* zu *behandeln* — wie wir schon sagten, die Behandlung eines Erwachsenen beträgt eine Stunde pro Woche. Anders ist es bei Kindern, sie können häufiger, alle paar Tage, oder sogar jeden Tag ein paar Minuten lang behandelt werden. Der Grund dafür liegt darin, daß ihre innere Wandlungs-Bewegung sich viel schneller vollzieht, da ihre Lebensenergie unmittelbar in Aktion tritt, denn ihre Muster hatten noch keine Zeit, sich festzusetzen.

Der andere *Fehler*, den wir machen können, besteht darin, daß wir versuchen, *auf Ergebnisse hin* zu *arbeiten*. Es ist einzig und allein erforderlich, daß die Eltern sich nicht in den Weg stellen und sich einfach hinsetzen und die Behandlung geben. Wenn sie das nicht können, sollte der Behandler dies an ihrer Stelle tun, bis — und das wird nicht allzu lange dauern — sie ihre Blockierungen überwunden haben und feststellen, daß sie ihre Rolle im Familien-Stück spielen können.

Ein sehr wichtiger Gesichtspunkt bei dieser Arbeit ist die vorgeburtliche Vorsorge, die Behandlung in der Schwangerschaft. Sie sollte sehr sanft, mit besonderer Empfindsamkeit, gegeben werden und man kann sie oft geben. Die Behandlung bekommt der werdenden Mutter sehr gut, da Blockierungen gelöst werden, die sie vielleicht hat. Die Behandlung löst auch im kindlichen Energiefluß im Enstehen begriffene Blockierungen auf, bevor sie Form annehmen, und gibt dem Kind so Zuversicht, in die Welt hinaus zu kommen. Sie baut eine Vertrauensbeziehung zwischen Mutter und Kind auf und bereitet damit den Weg für eine schnelle und leichte Geburt.

In der Metamorphischen Methode kommen

wir mit den Ursprüngen des Lebens selbst in Berührung. Wir lassen uns auf ein höchst aufregendes und lohnendes Abenteuer ein. Die potentielle Hilfe, die Menschen durch diese Arbeit bekommen können, ist, wie der Lebensursprung, mit dem wir arbeiten, grenzenlos.